HEYNE <

Für Willow

Ignacja Glebe

Das kleine Buch der Numerologie

Was deine persönlichen Zahlen bedeuten und wie sie dir den Weg weisen

Aus dem Englischen übersetzt
von Karin Weingart

WILHELM HEYNE VERLAG
MÜNCHEN

Die Originalausgabe erschien 2024 unter dem Titel *The Little Book of Numerology* bei Gaia Books, einem Imprint von Octopus Publishing Group Ltd, Carmelite House, 50 Victoria Embankment, EC4Y 0DZ, England.

MIX
Papier | Fördert gute Waldnutzung
FSC® C004378
FSC
www.fsc.org

Penguin Random House Verlagsgruppe FSC® N001967

Redaktion: Dr. Diane Zilliges
Umschlaggestaltung: Guter Punkt, München
Designer und Illustrator: Abi Read
Satz: Vornehm Mediengestaltung GmbH, München
Druck und Bindung: PBtisk, a.s., PŘÍBRAM
ISBN: 978-3-453-70470-1

www.heyne.de

Inhalt

Einführung in die Numerologie

Arithmantik, Gematrie und die Magie der Zahlen

Das Universum offenbart sich uns in Zahlen.

Dieser Satz trifft den Kern sowohl spirituell als auch praktisch und stellt damit einen der seltenen Fälle dar, in denen Natur- und Geheimwissenschaften übereinstimmen. Wir begreifen das Universum anhand von Zahlen. Wir suchen nach Daten, interpretieren sie … und wissen gleich ein bisschen mehr. Um neu anfangen zu können. Wie erfahren wir etwas über weit entfernte Galaxien, über kleinste Atome? Indem wir Berechnungen anstellen. Etwa, um eine Rakete zu starten. Oder auch, um etwas winzig Kleines auf das Millionenfache zu vergrößern. Mithilfe der Zahlen können wir das Unsichtbare sichtbar, das Unmögliche möglich machen. Und anfangen, das Unendliche zu begreifen.

Bei manchen Sachverhalten nähern sich Wissenschaft und Spiritualität einander an. Die Magie der Zahlen und die Rätsel, die diese Zahlen lösen, gehören dazu.

Vielleicht aber hast du's ja – wie viele von uns – nicht so mit Zahlen. Vielleicht warst du in Mathe immer eine Niete und freust dich deshalb, nie mehr etwas damit zu tun zu haben. Heute stehen Zahlen für dich dann hauptsächlich für Geld – und damit (jedenfalls für die meisten) für Stress. Zahlen sind in deinen Augen überhaupt viel zu trocken und von diesem Buch hättest du dir ganz andere Dinge erwartet. Trotzdem: Irgendetwas an ihm hat dich wohl doch interessiert – und sei es auch nur sein Preis. Die Zahlen auf dem Cover könnten dich angesprochen haben. Vielleicht hast du heute Zahltag. Oder gerade Mittagspause. Wochenende? Jedenfalls hast du etwas Zeit für dich. Und solltest du glauben, dass Numerologie nichts mit Geld zu tun hat, kann ich das nur bestätigen. Es geht dabei nämlich um viel, viel mehr als nur den schnöden Mammon.

Zahlen regieren die Welt

Dass ich aber gerade hiermit anfange, hat schon seinen Grund: Denn ich will dich daran erinnern, dass Zahlen überall und wichtig sind.

Genauer gesagt: Sie waren nie so wichtig wie heute, denken wir nur an deine Sozialversicherungsnummer, an PINs und die ganzen Einsen und Nullen der digitalen Welt. Zahlen bestimmen unser Leben. Sie sagen uns, wer wir sind, was wir tun und wo wir hingehen können. Die Postleitzahl legt fest, in welche Schule wir kommen und welchen Wert unsere Immobilie hat. Zahlen regieren die Welt.

Und klar, sie sind beliebig, keine Frage. Es sind Konstrukte. Genau wie alles andere auch. Wie die Wörter. Und Geschichten.

Aber manche Zahlen erzählen auch Geschichten – Geschichten, die uns das Universum erklären oder es am Laufen halten.

Manche buchstäblich. Wie du im Folgenden siehst.

Die Fibunacci-Folge

Die Fibunacci-Folge ist eine Zahlenreihe, bei der jede Zahl die Summe der beiden vorhergehenden ist: Addieren wir 0 + 1, bekommen wir 1. 1 und 1 sind 2. Zählen wir 2 und 1 zusammen, macht das 3. 3 + 2 = 5; 5 + 8 = 13; 8 + 13 = 21; 13 + 21 = 34 und so weiter. Unendlich. Auf kariertem Papier grafisch dargestellt, sieht das so aus:

Deshalb spricht man auch von der perfekten Spirale, die ihren Radius proportional zu sich selbst vergrößert.

Und der Clou: Diese Goldene Spirale tritt überall in der Natur auf. Entdeckt wurde die Fibunacci-Folge vor 800 Jahren als Antwort auf die Frage nach den Vermehrungszyklen von Kaninchen. Sie zeigt sich aber auch bei der Betrachtung von Ästen, Zweigen und Gewitterwolken oder in der Imkerei. Ein Bienenvolk vermehrt sich nach diesem Muster, Bäume wachsen so. Und Gewitterwolken? Wie Galaxien treten auch Hurrikane in Form dieser perfekten Spirale auf. Ähnliches gilt für Muscheln und das menschliche Ohr. Die Samenkörner der Sonnenblumen sind nach ebendiesem Muster angeordnet. Nicht anders die Schuppen von Pinienzapfen. Von vielen wird die Spirale als »göttliches Wachstumsmuster« oder sogar »Gottes Fingerabdruck« bezeichnet. Niemand weiß, warum sie in der Natur so oft auftritt und was das bedeutet. Jedenfalls zeigt es, dass alles miteinander verbunden ist.

Diese Zahlen – die Heilige Geometrie, der Goldene Schnitt – erzählen eine Geschichte vom Lebendigsein. Oder breiter gefasst: vom Da-Sein. Sie haben Bedeutung und überlagern unsere Erfahrungen, um uns Dinge zu zeigen, die wir sonst vielleicht nicht erkannt hätten, und um zu demonstrieren, dass alles eins ist.

Finden wir die Zahlen, finden wir die Wahrheit.

Zahlen mögen ein Konstrukt sein, aber ein von und mit Menschen erschaffenes Konstrukt. Sie erzählen selbst auch Geschichten. Im Unterschied zu Computern, die nach dem Binärcode funktionieren, der nur Einsen und Nullen kennt, rechnen wir Menschen nach dem Dezimalsystem – weil wir zehn Finger haben. So einfach ist das. Wir betrachten unsere Hände und bemerken, dass sich mit den Fingern das Universum nachbilden lässt.

Wir schauen, was bei uns funktioniert, und erweitern es, um Ordnung in das Chaos des Kosmos zu bringen.

Wir entwickeln Systeme und nutzen sie, um das Unverständliche zu begreifen. Wir entlocken dem Bedeutungslosen einen Sinn und erschaffen Geschichten aus Sternenstaub. Das macht uns zu Wissenschaftlern und spirituell Suchenden. Zu Menschen eben.

Und daraus wird nirgends so passend ein Schuh wie in der Numerologie, die in mancherlei Hinsicht eine Poetik der Zahlen darstellt: So wie Dichter in der Sprache nach Rhythmen, Gleichklang und Assoziationen suchen, sucht die Numerologie in den Ziffern nach Mustern, Formen und Strukturen.

Trotzdem ist die Numerologie das vielleicht meistunterschätzte aller Wahrsagetools: weniger populär als die Astrologie, lang nicht so pittoresk wie der Tarot und auch bestimmt nicht so charmant wie die Kunst des Handlesens. Doch am Ende des Tages bringt sie womöglich mehr als all die anderen Methoden.

Die Numerologie wird seit Jahrtausenden überall auf der Welt praktiziert. Deshalb existiert sie in vielerlei Gestalt und keine Zahl wird nur auf eine einzige Art und Weise interpretiert. Im globalen Westen etwa gilt die Sieben als Glückszahl – ganz anders als im globalen Osten. Telefonnummern werden in China häufig verkauft – wobei der Preis davon abhängt, wie viele (Glück verheißende) Achten darin vorkommen. In christlichen Ländern dagegen werden wohl die meisten von Telefonnummern mit 666 (der Zahl des Antichristen) eher abgeschreckt.

Wir gestalten die Wirklichkeit nach unseren Überzeugungen und weisen allem eine Bedeutung zu – einfach, weil wir Menschen nun einmal geborene Bedeutungsgeber sind.

Der Bouba-Kiki-Effekt

Das Verhältnis von Sprache und Wirklichkeit ist allerdings keine Einbahnstraße.

In einem berühmten Experiment namens »Bouba-Kiki-Effekt« bekommen Gruppen von Menschen mit unterschiedlichsten Muttersprachen zwei Formen vorgelegt.

Die eine heißt »Bouba«, die andere »Kiki«. Welche welche ist? Die meisten wissen sofort, dass die spitze Form nur »Kiki« sein kann und die weiche »Bouba«. Das ist selbst Kleinkindern schon klar. Denn die Sprache stellt zwar ein Konstrukt dar, beruht aber auf etwas tief in uns Verwurzeltem. Sie ist beliebig, geht aber auf etwas ganz Reales zurück. Zahlen sind genauso beliebig wie Namen, das Leben aber auch. Denn das Leben ist das, was wir daraus machen.

Und genau darum geht es in diesem Buch: um unsere Lebenswege; um die Reise, die am Tag unserer Geburt beginnt und mit dem Tod endet. Es geht um die Wege, die wir wählen, und die Hindernisse, die uns vorgesetzt werden. Es geht um das Glück, das wir haben, um erhörte Gebete und solche, die unbeantwortet bleiben. Es geht um unsere Lebensweise.

Unsere Wege suchen wir uns vielleicht nicht unbedingt aus.

Immer aber können wir entscheiden, wie wir sie gehen.

Die Ziffer deines Lebensweges

Es gibt viele Möglichkeiten zur Berechnung von Zahlen, die dir etwas bedeuten. Einfach, weil es viele Zahlen gibt, die dir etwas bedeuten – von deinem Geburtsdatum bis hin zu deiner Postleitzahl oder Handynummer –, und viele Möglichkeiten, sie zu interpretieren. Manche Numerologen übersetzen zum Beispiel auch Wörter – etwa Namen – in Zahlen. Dieses Buch stellt jedoch lediglich eine Einführung dar und kann unmöglich alle Varianten behandeln.

In den meisten westlichen Traditionen der Numerologie gilt ohnehin die Ziffer des Lebensweges als die individuell wichtigste Zahl. So, wie du ein Sternzeichen hast, hast du auch eine bestimmte Ziffer, die deinen Lebensweg kennzeichnet.

Es gibt neun Lebenswege: einen für jede Ziffer.

Jeder davon hat seine eigenen Vorteile und Herausforderungen.

Übung

Die Berechnung der Ziffer deines Lebensweges

Vieles lässt sich berechnen – etwa die Anzahl der Vokale oder Konsonanten in deinem Namen, der Tag beziehungsweise das Jahr deiner Geburt oder beides. Immer geht es jedoch darum, zu einer einzigen Ziffer zu gelangen, die jeweils für einen Lebensweg steht. Für eine bestimmte Art zu denken, eine Persönlichkeit. Das ist aber nur *eine* Interpretation.

In diesem Buch konzentrieren wir uns ganz auf die Ziffer deines Lebensweges, dein auf eine einstellige Zahl reduziertes Geburtsdatum: Tag, Monat, Jahr.

Also ziemlich einfach. Das Ganze hat nur einen Haken: Wir zählen jede dieser drei Zahlen einzeln zusammen. Bist du also an einem zweistelligen Tag geboren, musst du zunächst diese beiden Ziffern zusammenzählen, bevor der Monat hinzukommt. So wird etwa aus einer 17 1 + 7, also 8.

Das gilt auch für den Monat. Solltest du also im Oktober, November oder Dezember geboren sein, wird daraus 1 + 0 = 1, 1 + 1 = 2 beziehungsweise 1 + 2 = 3.

Am wichtigsten ist die Bildung der Quersumme beim vierstelligen Geburtsjahr. Sie dürfte zweistellig werden. Angenommen, du bist 1989 geboren. Dann zählst du 1 + 9 + 8 + 9 zusammen; dies ergibt 27. Das heißt 2 + 7 = 9.

Sagen wir, du bist am 17. Oktober 1989 geboren. Dann zählst du 8 (für 17) und 1 (für Oktober) und 9 (für 1989) zusammen.

Das ergibt 18 – Quersumme: 9. Dein Lebensweg hat also die Ziffer 9.

Marthas Geburtstag ist am 7. 8. 1990.
[7] + [8] + [1 + 9 + 9 + 0]
[7] + [8] + [19]
[7] + [8] + [1 + 9]
[7] + [8] + [10]
[7] + [8] + [1] = 16
1 + 6 = 7

Marthas Lebensweg ist die 7: *Der Suchende*

Edwin hat am 16. 11. 1977 Geburtstag.
[1 + 6] + [1 + 1] + [1 + 9 + 7 + 7]
7 + 2 + [24]
7 + 2 + 6 = 15
1 + 5 = 6

Edwins Lebensweg ist die 6: *Die Göttin des Heims*

Neun Wege, neun Ziffern zu deiner Orientierung

Wenn du dich schon mal mit Numerologie befasst hast, dürften dir die Namen der Lebenswege aufgefallen sein, für die ich mich entschieden habe. Sie variieren von Methode zu Methode, ich jedoch ordne jeden Pfad einem Archetyp zu, einer Art Leitfigur oder guten Freundin.

Neun Wege, neun Geschichten: neun Ziffern, die uns durchs Leben geleiten. Sie beruhen auf einer Vielzahl von Quellen: der jungianischen Traumdeutung, mythologischen und spirituellen Traditionen, Götter- und Göttinnenbildern und uralten Sagen. Was daran liegt, dass alles mit allem verbunden ist: Wenn wir eines aus der Fibunacci-Folge (Seite 10) lernen können, dann, dass alles bestimmten Mustern folgt und dass es dumm wäre, Dinge isoliert voneinander zu betrachten.

Nun borgen wir uns vom Tarot, bei dem jede Zahl einer Karte der Großen Arkana entspricht, seine Schönheit aus und von der Astrologie die Weisheit des Universums. Mit den Sternen beschwören wir zugleich auch einen Pantheon von Göttern und Göttinnen herauf, finden Zugang zu uraltem Wissen und geheimer Macht, zu großer Kraft und Stärke.

Alles allein durchmachen zu müssen, ist schwer. Überraschend leicht aber fühlt man sich verloren. Das Leben ist eine Reise und keine Reise gleicht der anderen. Doch wer genau hinsieht, bemerkt gewisse Muster. Nichts ist neu unter der Sonne: Irgendwer war immer schon vor uns da. Jemand hat sich genauso abgemüht wie wir, hat gelitten, wie wir jetzt leiden. Wirklich allein sind wir auf unserer Reise also nicht. Ich hoffe, dass dich die neun Archetypen auf deinem Weg begleiten – welcher es auch sein mag, der dich besonders anspricht. Sie begleiten dich durch eine Art geführter Meditation: Gedanken, Ideen und Übungen, die dich der vollen Realisierung deines Potenzials nahebringen können.

Ich kann dir nicht sagen, wer du bist oder welche Entscheidungen du treffen wirst. Ich kann dich auch zu nichts veranlassen, was du nicht selbst tun möchtest. Schließlich hast du einen freien Willen. Allerdings kann ich dir sagen, was dir meiner Ansicht nach passieren wird. Und dir helfen, herauszufinden, was du tun kannst, um es zu bewältigen, kann ich hoffentlich auch. In etwa so: Da ist ein Fluss, vielleicht aber kannst du eine Brücke darüber bauen. Auf der Route, die du nehmen willst, kommt es demnächst zu einem Vulkanausbruch. Könnten wir deshalb bitte einen kleinen Umweg machen? Oder: Da gibt es Ungeheuer. Aber ich hätte da ein Schwert und einen Schild für dich (oder für die Pazifisten unter uns: ein paar Leckerlis, um dir die Scheusale gewogen zu machen).

Auf den folgenden Seiten findest du keine Anweisungen, sondern nur Landkarten und Reiseführer. Wende dich dem Guide zu, den du am dringendsten brauchst, und du findest hoffentlich Fußspuren, denen du dich anschließen, und eine Hand, nach der du greifen kannst.

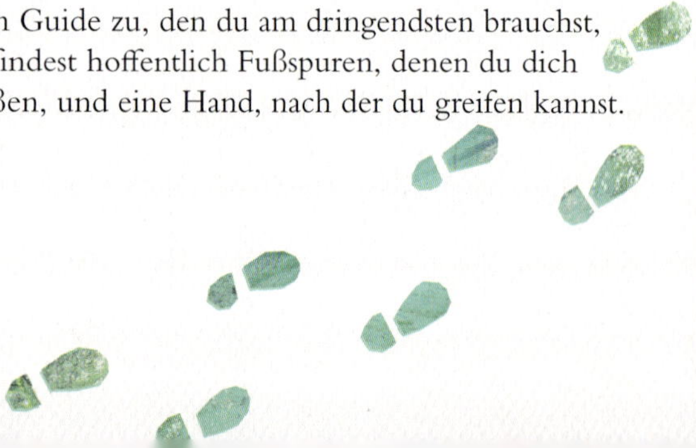

Lebensweg eins:

Der Magier

1

Hey, hallo du da, Liebchen …

Das ist der Anfang.

Alles fängt irgendwo an – und auf dich, Nummer eins, geht alles zurück. Ohne den Ersten gibt es keine Zweite. Ohne die Eins geht nichts weiter. Jetzt, in diesem Augenblick, ist alles möglich.

Stell dir vor: eine Bühne, unbeleuchtet. Rote Samtvorhänge, schwer, verstaubt. Zuschauer, voller Erwartung. Ein einzelner Scheinwerfer. Und in dessen Lichtkegel: du.

In der einen Hand hast du deinen Zylinder. In der anderen das Kartendeck. Die Zuschauer halten den Atem an, gespannt, was du tun wirst. Denn alles ist möglich. Du könntest ein Kaninchen aus dem Hut ziehen. Oder auch irgendetwas anderes. Du kannst tun und lassen, was du willst. Du stehst im Mittelpunkt und hast noch nichts getan. Jetzt ist die Frage, was du machst. Alles dreht sich um den nächsten Moment: die Vorfreude, das gespannte Innehalten. Der Scheinwerfer. Der Magier holt Luft. Die Welt ist bereit, alle schauen ins Licht. Dann öffnet er den Mund und beginnt zu sprechen.

Aber stopp mal. Das bist du, Nummer eins. Die Bühne gehört dir und alle schauen zu. Das ist dein Moment. Aber gib es ruhig zu: Die Szene, die ich entworfen habe, frustriert dich. Du willst endlich wissen, was passiert. Willst die Anspannung überspringen und loslegen, weitermachen, die Rakete zünden und da sein, wenn es geschieht. Du denkst, glaube ich, schon an den nächsten Schritt, das nächste große Ding, das du abziehst, deine nächsten großen Worte. Den Funken, der die Welt in Brand setzt.

Wir wissen ja, dass du reines Feuer bist. **Flammen-Emoji** Natürlich: sowohl der Funke als auch die riesige Sonne. Du bist Löwe, Apollo, Helios und Zeus. Der Aha-Moment, das Umlegen des Schalters und das Entzünden des Streichholzes. Du bist hell, brillant. Ein König.

Und was ist nun mit dem Moment? Der Ruhe vor dem Sturm? Dem jetzigen Augenblick?

Du bist dieser Moment, bist der Anfang. Solltest du dich im Magier wiederfinden, ist das deine erste Aufgabe: Suche den Moment. Es lohnt sich. Versprochen.

Falls du es brauchen kannst: Gleich schlage ich dir zur Orientierung eine Übung vor, die dir bei der achtsamen Inbesitznahme des Augenblicks helfen kann. Ich weiß, dass du etwas tun willst, etwas Reelles, das dir ein Gefühl von Schwung, Meisterschaft und Erfolg vermittelt. Dafür gibt es Orientierungshilfen. Aber warum versuchst du es nicht erst einmal auf deine eigene Art? Du weißt doch, wie's geht. Du weißt überhaupt so ziemlich alles. Bestimmt findest du diesen Moment der Stille: in dir. Und bei aller Geschäftigkeit kannst du dir ruhig auch einmal eine Pause gönnen.

Übung

Die Fünf-Sinne-Übung

Um uns im Moment verankern zu können, müssen wir uns in einer konkreten Raum-Zeit an einem bestimmten Ort erden. Diese Übung lässt sich überall durchführen und nimmt nur wenig Zeit in Anspruch.

Setz dich bequem hin – gern im Schneidersitz – und nimm deine Atmung wahr. Beobachte sie einfach, verändere nichts an ihr. Ist sie tief oder eher flach? Versuch nicht, deine Atmung zu vertiefen. Dinge, die zu wünschen übrig lassen, nicht »verbessern« zu wollen, fällt gar nicht so leicht. Beobachte deine Atmung mindestens 30 Sekunden lang. Verändert sie sich? Atmest du genauso lang ein wie aus? Bleib mit deiner Aufmerksamkeit so lange wie möglich beim Ein und Aus der Luft. Wenn du dann so weit bist, kannst du sie nach außen richten, in deine Umgebung, und mit der eigentlichen Übung beginnen.

Such dir:

fünf Dinge, die du sehen kannst,

vier Dinge, die du hören kannst,

drei Dinge, die du spüren kannst,

zwei Dinge, die du riechen kannst,

etwas, was du schmecken kannst,

und atme, atme, atme …

Ein Moment zum Innehalten

Schnapp dir diesen Moment, in dem du das Buch in den Händen hältst. Schnapp ihn dir, denn er gehört dir.

Erkenne jetzt, am Beginn des Anfangs: Für dich gibt es nur das Jetzt.

Halt mal an. Bleib stehen. Atme die kühle Luft ein, spür sie in Mund, Kehle und Lunge, atme aus. Spür deinen Atem und halt inne.

Das ist schwer, ich weiß. In diesem Moment – und nicht erst in einer Minute, einer Stunde – innezuhalten, ist immer schwer. Da ist ständig noch etwas, was du tun, überdenken, anschieben, erledigen könntest. Da ist immer etwas, was dich mehr braucht als dieser Moment. Und es ist gar nicht einfach, so zu tun, als hättest du keine Zeit zum Innehalten.

Vielleicht bist du es auch nicht gewohnt, Dinge schwer zu finden. Oder es dir eingestehen zu dürfen.
Das sagt dir was? Dann lass dich darauf ein.

Warum fällt es dir so schwer, zuzugeben, dass du dich schwertust? Was denkst du über Menschen, die Hilfe brauchen? Empfindest du es als Schwäche, Hilfe zu brauchen? Und ängstigt dich Schwäche? Lass dich auch darauf ein.

Das Ding ist: Leute, die so energiegeladen sind wie du, haben oft keine Geduld mit Leuten, die da nicht mithalten können. Du lässt es dir womöglich nicht anmerken, aber es frustriert dich enorm, wenn du etwas anleiern willst und Leute deine Visionen nicht verstehen. Du hast hohe Standards und feste Überzeugungen und weißt, was du willst. Und bist dir auch ziemlich sicher, wie du es erreichen kannst. Brauchst du überhaupt eine Orientierungshilfe? Musst du jemandem folgen? Du bist doch ein Leader und kein Follower … Trotzdem liest du dieses Buch, Nummer eins. Etwas in dir weiß, dass du dich ein wenig verlaufen hast, auch wenn dir nicht klar ist, an welcher Stelle du falsch abgebogen bist. Und wann immer man sich verloren fühlt, ist es Zeit, innezuhalten.

Also was hält dich auf, Nummer eins? Was behindert dich auf deiner Reise? Du bist doch ein Macher. Und ehrgeizig auch. Willst etwas verändern. Mit Nachdruck. Also: Warum liest du dieses Buch?

Tief in deinem Inneren weißt du, dass du etwas Besonderes bist. Mehr, als den Leuten bewusst ist. Du aber weißt es. Du bist eine Marke für sich. Und du weißt auch, wie gut du bist. Oder … etwa nicht?

Und das ist vielleicht das zweite Hindernis, das sich vor dir aufbaut. Nein, kein Hindernis. Eher eine Herausforderung: Weißt du wirklich, wie gut du bist?

Ich möchte, dass du dir ein Stück Papier nimmst und jede deiner persönlichen Stärken einzeln aufschreibst. Alles, was du zu bieten hast. Und sei nicht schüchtern. Wir wissen beide, dass Schüchternheit unter diesen Umständen eine Dummheit ist, schließlich bist du allein mit dem Papier. Quälst du dich schon länger damit herum, darfst du diese Scheu für den Moment jedenfalls ablegen. Denn du weißt doch, dass du viel mehr bist: charismatisch, unabhängig, engagiert, tapfer, großzügig, empathisch … Du hast Visionen von deinem Leben. Und du hast alles, was du brauchst, um sie zu realisieren. Am Anfang steht die Sonne und die Sonne ist ein Stern.

Und alles, was lebt und je gelebt hat, besteht aus vom Strahlen der Sonne vitalisiertem Sternenstaub.

Du hast starke Energien in dir, Nummer eins, und musst herausfinden, welcher Art sie sind. Für die Menschen in deinem Umfeld – und auch für dich – kannst du Magisches bewirken. Das ist die Mission deines Lebens, Magier. Und die Reise beginnt jetzt.

Lebensweg zwei:

Der Träumer

2

Jeder große Traum beginnt mit einer Person, die ihn träumt …
Der Mond hat verschiedene Phasen, viele Gesichter. Und für dich, Träumer, weiß ich, gilt das auch.
Deine Tarotkarte ist die Hohepriesterin, deine Sternzeichen: Zwillinge und Jungfrau. Vulcanus, der Gott des Feuers und des Schmiedehandwerks, begleitet dich in die dunkle Nacht hinaus. Der doppelköpfige Janus, der alles sieht, hat Zukunft und Vergangenheit im Blick. Dann wären da noch Selene, Hekate, Artemis, Luna, Juno und Hera – alles Göttinnen, die auf die eine oder andere Weise mit dem Mond verbunden sind. Aber wer wäre das nicht?
Der Mond ist für die Gezeiten verantwortlich. Und Ebbe und Flut sind in allem am Werk, nicht nur im Meer und in den Geschäften der Männer, wie Shakes-

peare einst gesagt haben soll. Auch wir Menschen bestehen hauptsächlich aus Wasser. Salzwasser.
Jeder von uns trägt ein großes Aquarium voller Salz und Flüssigkeit mit sich herum, ganze Ozeane, perfekt dafür geeicht, alles aufzunehmen, was wir sind und sein können. Auch diese kleinen Meere unterliegen dem Einfluss des Mondes.
Erwiesen ist, dass bei Vollmond die Ambulanzen der Krankenhäuser voller und chaotischer sind als sonst. Auch Polizisten sprechen vom »Vollmondeffekt« und jeder Mensch, der je eine Menstruation hatte, weiß ein Lied vom monatlichen Auf und Ab der Hormone zu singen.
Der Mond lenkt die Gezeiten. Er wirkt sich auf alles aus und unterliegt auch selbst ständigen zyklischen Veränderungen. Die klaren Mustern folgen.
Das ist der Lebensweg des Träumers. Geprägt ist er von unserem kreativen Unbewussten und manchmal fühlt er sich an wie Kontrollverlust: Als begriffen wir die Veränderungen nicht und verstünden auch unsere eigenen Entscheidungen nur schwer. Der Träumer schläft, aber sein Traum geht weiter. Haben wir alles im Griff oder sind wir fremdgesteuert? Treibt uns irgendwas an?
Was können wir tun, um uns besser zu verstehen und größere Kontrolle zu haben?

Übung

Traumtagebuch

Möglicherweise hast du Vorbehalte gegen das Wort »Traumtagebuch«, bleib aber bitte bei mir. Denn um unser kreatives Unbewusstes verstehen zu können, müssen wir uns selbst kennenlernen.

Der Theorie C. G. Jungs zufolge sind wir jede einzelne Person, die in unseren Träumen auftaucht. Jeder, den du im Schlaf siehst, entspricht deinen Vorstellungen von ihm: Es geht also nicht um deine Mutter, sondern um alles, was du mit deiner Mutter verbindest. Träume von einer Person sagen also nichts über diese aus, durchaus aber einiges über unsere Vorstellungen von ihr. Auf Orte trifft das natürlich auch zu: auf Orte, Menschen, Dinge und Handlungen. Das Erinnern unserer Träume – und die Reflexion über sie – kann uns bewusst machen, was uns innerlich umtreibt, und Einblicke in unsere bestgehüteten Geheimnisse gewähren.

Also schnapp dir ein Notizbuch und etwas zu schreiben. Das ist der erste Teil dieser Übung. Teil zwei: Leg dir Notizbuch und Stift neben das Bett.
Den dritten Teil kannst du dir jetzt schon denken, stimmt's? Dummerweise reicht es nicht, diese Übung ein einziges Mal zu machen – sie ist eher eine Lebensaufgabe. Genau wie die Entdeckung deines Lebensweges. Das Erste, was du morgens nach dem Aufwachen tust: Du atmest tief ein und aus, greifst zu Stift und Papier … und notierst dir beim Ausatmen alles, was du von den Träumen der vergangenen Nacht in Erinnerung hast.
Beschränk dich dabei aber bitte auf drei Wörter. Ich möchte, dass du einatmest und nicht mehr als drei Wörter aufschreibst.

Ausführlichere Eintragungen haben natürlich viele Vorteile. Hier aber gehen wir die Sache etwas anders an. Denn wir setzen auf Konsistenz: Wir machen es uns leicht, bleiben dafür aber bei der Stange. Damit entscheidest du dich für eine tägliche Praxis, die gut in deinen Alltag passt, unabhängig von allen anderweitigen Pflichten.

Bevor du sonst etwas tust, gehst du erst einmal in dich. Hältst Zwiesprache mit deinem Inneren und lauschst, was es dir zu sagen hat. Nimm dir Zeit für dich. Zeit für den Mond.

Allmählich kommt so eine Sammlung von Bildern und Motiven zustande, mit denen sich dein Inneres auseinandersetzt. Immer deutlicher nimmst du bestimmte Muster wahr. Erkennst auch Rhythmen, Zyklen – und lernst, dich mehr auf sie einzulassen. Oder aber aus ihnen auszubrechen. Du beobachtest sie und lernst sogar, dich ihnen anzupassen: deinen inneren Gezeiten und dem Mond, der deine Träume lenkt.

Finde deine Kraft und Stärke

Träumer, ob du es dir eingestehst oder nicht: Du bist sensibler, als es den Anschein hat. Deine Gefühle gehen tief und sind sehr privat. Gehst du deshalb Konfrontationen aus dem Weg? Hast du Angst? Denk doch jetzt lieber einmal an deine Stärken.

Der Mond ist stark. Hera war die Frau von Zeus und Artemis die Zwillingsschwester von Apollo. Diesem Lebensweg wohnt genauso viel Kraft inne wie dem des Magiers. Nur dass deine eine andere, subtilere ist. Die Kraft eines Lichts in der Dunkelheit. Die Stärke der Flut, einer Nachtschwester, eines Mädchens, einer Mutter, einer weisen Frau.

Der Lebensweg des Träumers ist aber keineswegs nur etwas für Frauen – den Weg des Magiers können schließlich auch Angehörige jedes Geschlechts beschreiten. Aber machen wir uns nichts vor: Die Zwei hat schon viel Feminines an sich. Sie steht für eine Energie, die das Weibliche in jeder denkbaren Form und Ausprägung lebbar macht: weich, aber auch stark und kraftvoll. Und die dieser lunar geprägten Traumlandschaft eine gewisse undefinierbar frauliche Note verleiht.

Aber halt jetzt bitte kurz inne und frag dich, was du damit anfangen kannst. Passt das zu dir? Könnte es Teil deiner Lebensaufgabe sein? Oder anders gefragt: Welche Rolle spielt die Feminität in deinem Leben? In deinen Gedanken? Könntest du dein Verständnis von Weiblichkeit noch umfassender und stärker gestalten?

Wir können von Glück sagen, dass wir in einer Zeit leben, in der Frauen nicht auf ihr Frau-Sein reduziert werden. Die meisten von uns dürfen sich freuen, in einem Umfeld zu leben, in dem das Geschlecht nicht definiert, was aus uns werden kann. Entkommen können wir diesem Geschlecht bislang allerdings nicht. Es ist genauso ein Konstrukt wie Zahlen und Sprache auch – und nicht weniger tief in uns verwurzelt. Mit dem Geschlecht ist es wie mit der Strömung eines Flusses.

Wir können ihr nicht entkommen, wie sehr wir es auch versuchen. Und das heißt, dass wir sowohl mit den Folgen als auch dem Beiklang dessen leben müssen, als was wir geboren wurden und wer wir heute sind. Frag dich also: Was assoziiere ich mit Weiblichkeit? Inwieweit kann ich meine femininen Züge akzeptieren? Und wie geht's mir damit? Die Beantwortung dieser Fragen ist umso wichtiger für dich, wenn du dich diesem Lebensweg von einem traditionell maskulinen Ausgangspunkt aus annäherst.

Wie wir über Kraft und Stärke denken, mit Zartheit umgehen und welches Verhältnis wir zu Veränderungen haben: Das sind die großen Herausforderungen deines Lebens. Bis zum Schluss.

Lebenspfad drei:

Der Geschichten-erzähler

3

Wer das Narrativ bestimmt, regiert die Welt …

Aller guten Dinge sind drei. Goldlöckchen und die drei Bären. Die drei Weisen aus dem Morgenland. Die heilige Dreifaltigkeit. Die dreifaltige Göttin. Der natürliche Rhythmus von Dramen und Sätzen: Anfang, Mitte und Ende. Die Drei ist also nicht von ungefähr die Zahl des Geschichtenerzählers.

Und dieser Erzähler …
bist *du*!

Ich weiß nicht, wie sich das Talent in deinem Leben zeigt oder ob du etwas aus ihm machen möchtest. Was ich aber weiß, ist, dass in dir ein Geschichtenerzähler wohnt. Da ist Magie am Werk: Deine kreative Begabung kann dich überall hinbringen. Wohin auch immer. Die Leute hören dir zu. Sie bewundern dich. Sie respektieren dich, weil die Person, die das Narrativ bestimmt, auch alles andere in der Hand hat. Wann hast du das Erzählen gelernt? Wie alt warst du, als dir klar wurde, dass du alles Leiden hinter dir lassen könntest, wenn es dir nur gelingen würde, das, was die anderen denken, vor ihnen auszusprechen? Wie lange versuchst du schon, die Geschichte zu erzählen, bevor dir jemand zuvorkommt?

Und daran ist auch nichts falsch, genauso wenig, wie an dir irgendetwas falsch ist. Merkur, in der Astrologie Herrscher über das dritte Haus, ist zugleich Götterbote. Und auch du bist ein Bote. Du hast etwas zu sagen und deine Lebensaufgabe besteht darin, herauszufinden, wie du es am besten ausdrückst.

Das kommt dir vielleicht … irgendwie zu simpel vor. Gar nicht wie eine echte »Lebensaufgabe«. Vielleicht denkst du ja, du würdest nie ein Blatt vor den Mund nehmen, stets sagen, was du meinst, und meinen, was du sagst. Aber wenn das so ist: Was entgeht dir alles? Und was würdest du hören, wenn du den Mund mal zulässt? Geschichtenerzähler: Eine deiner Hauptaufgaben besteht darin, dass du lernst zuzuhören. Und zwar ganz neutral. Angenommen, du lernst jemanden kennen. Wie wäre es, wenn du die Person so annimmst, wie sie sich dir präsentiert? Wie würde es sich für dich anfühlen, ihre Geschichte zu akzeptieren und auf deine zu verzichten – oder beide miteinander zu verknüpfen? Wie viel gehaltvoller könnten deine Storys werden, wenn du die Narrative und das Leben der anderen einbauen würdest – oder denen eine Stimme gäbest, die keine haben? Was ignorierst du bislang bei deinem Versuch, deine Geschichte zu erzählen?

Vielleicht weißt du schon, welche Geschichte du erzählen willst, und schickst dich an, den Mund zu öffnen und sie in die Welt zu entlassen. Vielleicht spinnst du dieses Garn bereits und hast sogar schon ein Publikum. Das dich eventuell auch schon liebt. Und klar ist, dass du Menschen inspirieren und bewegen kannst. Du hast das Zeug, Gemeinschaften zu stiften. Deine Geschichten öffnen Räume und dafür lieben dich die Leute. Traditionell ist die Drei die Zahl der Freundschaft – denken wir nur an die Drei der Kelche im Tarot – und du *wirst* geliebt. Man kann nicht anders, als dich von Herzen zu lieben. Und vor allem: um deiner selbst willen. Selten wird jemand so geliebt, wie er ist. Und genau danach sehnt sich dein origineller, schöner Geist. Er ist es auch wert. Aber fühlst du dich eigentlich geliebt, Geschichtenerzähler? Wirklich geliebt?

Das Ding ist: Fragst du dich bei all der Brillanz und dem ganzen Gedöns auch einmal, ob irgendwas verloren gegangen ist? Nein, kein Grund zur Panik. Ich sag's niemandem. Kein Mensch weiß um deine stillen Momente, dieses plötzliche Aufflackern von Angst. Die anderen denken, das Viele-Teller-in-der-Luft-Halten fiele dir leicht, dabei stimmt das gar nicht immer. Aber den Schein aufrechterhalten kannst du. Da kennst du nichts. Und Schuld, Scham, Stress – sind nicht Teil der Geschichte.

Doch das ganze Tamtam hat seinen Preis. Und den zahlst du gern. Ersparen allerdings kannst du ihn dir nicht. Du musst ihn stets einkalkulieren, dein ganzes Leben lang. Aber ist es das auch wert? Ist deine Kreativität der Mühe wert, die du investierst? Und damit meine ich nicht nur die künstlerische Kreativität, sondern auch Dinge wie schöpferisches Denken, kreative Haushaltsführung, ein innovatives Leben. Woher beziehst du die Kraft, diese Geschichte zu erzählen, sie zu verkörpern?

Deine Tarotkarte ist die Herrscherin: die fruchtbare, kreative, schöne Imperatorin. Auf der Karte Numero III siehst du ein goldenes Weizenfeld, saftig-grünes Gras und einen sanft dahinplätschernden Fluss. Du lebst in der Fülle oder solltest es wenigstens. Spürst du sie? In Gestalt materieller Dinge oder großer Ideen? Vielleicht auch in Form zugewandter Menschen oder Hoffnungen, die sich erfüllen. Der Geschichtenerzähler ähnelt einer Spinnenmama, die wartend in ihrem schönen seidigen Netz hockt und den Faden ihrer Story zu etwas die Welt Veränderndem spinnt. Wie sie lebst auch du im Überfluss, ob es dir bewusst ist oder nicht. Nimm dir jetzt kurz Zeit, um über Fülle nachzudenken.

Übung

Deine Glücksliste

Hol dir Papier und Stift. Du schreibst jetzt nicht nur eine Geschichte, sondern etwas Reelles, Greifbares, das du dir an die Wand hängen oder an den Kühlschrank pinnen kannst.
Erstell jetzt sofort eine Liste. Eine Liste all der Dinge, die dir ein gutes Gefühl geben. Das Gefühl, gesegnet, reich und glücklich zu sein. Die morgendliche Tasse Tee? Ein Telefonat mit deiner besten Freundin? Ein Schaumbad? Die Idee für einen Roman? Schreib weiter. Schreib, bis die Seite voll ist. Geh in die Tiefe und lass nichts aus.
In welchem Bereich deines Lebens fühlst du dich am reichsten, fruchtbarsten und kreativsten?
Damit beginnt deine Arbeit, Geschichtenerzähler. Denn ohne fruchtbaren Boden kann nichts gedeihen. Und auf diese Liste kannst du in schwierigen Zeiten immer zugreifen.

Denn schwierige Zeiten *wird* es geben. Selbst die Magie des Erzählens kann Schmerz und Trauer nicht fernhalten. Auch du wirst sie erleben – wie wir alle. Hier sind ein paar Fragen an dich, Erzähler: Wie sieht deine Geschichte aus, wenn du nicht als strahlender Held dastehst? Oder wenn dir die Worte fehlen? Wo könntest du sie wiederfinden? Und woher nimmst du deine Stärke? Welche Geschichten lassen sich ohne Worte schreiben? Oder was, wenn das Ende schon feststeht? Wenn du der Loser bist? Der Bösewicht? Denk bitte über die Fragen nach, damit du auch dann noch dein bestes Ich sein kannst und die Geschichte weiterhin deine eigene ist, wenn solche Dinge eintreten.

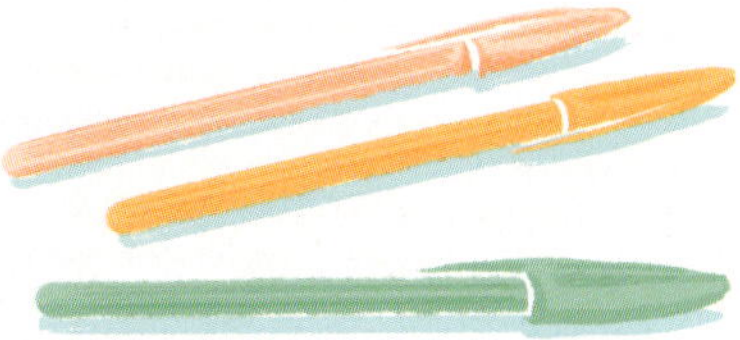

Vergiss aber nicht, dass du auch ein *Mensch* bist. Ein Mensch mit Bedürfnissen, Wünschen und Sehnsüchten, mit Schwächen, Problemen und einem liebenden Herzen. Du bist nicht nur der Erzähler und auch mehr als eine literarische Figur. Denn das Leben ist keineswegs immer eine Story. Du gibst Dinge auf. Verlierst welche. Andere verschönerst du. Du formst, gestaltest und arbeitest daran.

Wie würde sich die Wahrheit anfühlen, würdest du sie erzählen? Wie ein Ausatmen? Wäre das möglich?

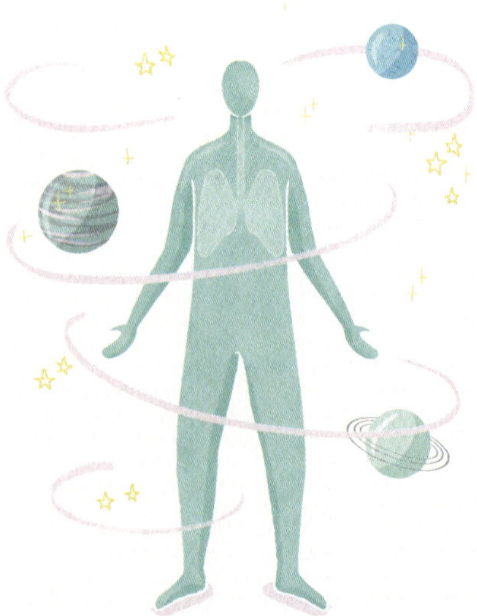

Lebensweg vier:

Der Meister

4

Das große glorreiche Meisterwerk der Menschheit besteht darin, dem Leben einen Sinn zu geben …

Was bedeutet das Wort »Meisterwerk« für dich?

Heutzutage versteht man darunter im Grunde etwas Makelloses, etwas, das nur den begabtesten Ausnahmekünstlern einmal im Leben gelingt. Etwas Herausragendes. Was kaum jemand schafft. Letztlich handelt es sich hier also um eine Idee, an der fast alle scheitern.

Vor Jahrhunderten jedoch hatte das Wort eine grundlegend andere Bedeutung.

In den Werkstätten des alten Europas verstand man unter »Meisterwerk« noch keine Idee, sondern einen Gegenstand.

Genauer: mehrere, für jeden Meister eines Handwerks einen. Denn nur durch die Erzeugung eines Meisterwerks konnte man Meister werden, den Schritt vom Lehrling zum ständigen Mitglied der Zunft vollziehen.

Lehrlinge waren junge Männer, die von den Großen eines Handwerks lernten und davon träumten, selbst etwas herzustellen, nicht nur für sich, sondern auch für die Welt. Sie wollten lernen, schöne Dinge anzufertigen, und dafür anerkannt werden. Und das erste dieser Objekte, das wirklich zählte, war das Meisterwerk. Es stellte eine Art Geschenk an die jeweilige Zunft dar: an die Großen, die vor einem da waren, und an die Nachfolgenden. Ob in den Ateliers oder Goldschmieden, bei den Sattlern, Messerschmieden oder Glasbläsern: Überall, wo etwas hergestellt oder bearbeitet wurde, versuchten Anfänger, Bestleistungen zu erbringen.

Und wenn das Meisterwerk fertig war? Fing die Arbeit im Grunde erst richtig an.

Dieses Verständnis des Wortes hat mir schon immer am besten gefallen, weil es etwas über wahre Erfolge aussagt: über die Anerkennung von Kollegen, übers Inspirieren und Inspiriertwerden, über das Streben nach Größerem, Besserem und Schönerem. Für dich gilt das bestimmt auch, Nummer vier, Deine Tarotkarte ist der Herrscher: groß, mit maskuliner Energie und einer Begeisterung für Arbeit und Weiterkommen, die anderen die Schamesröte ins Gesicht treiben könnte. (Das passiert auch – mehr darüber gleich.) Fühlst du dich von dieser Beschreibung angesprochen? Gut möglich – aber vielleicht auch nicht.

Denk an die Geschichte vom Lehrling und daran, dass das Meisterwerk eigentlich nur den Auftakt zu mehr Arbeit, Bildung und größerer Verantwortung darstellte. Im Grunde markierte es erst den Anfang der Suche. Und damit kannst du dich nur zu gut identifizieren. Merkst du überhaupt, wenn du etwas erreicht hast? Oder strebst du gleich weiter? Hältst du auch mal inne, um den Duft der Rosen zu genießen, die du im Garten gepflanzt hast, oder überlegst du schon, in welcher Farbe du den Zaun streichen willst?

Statt Neujahrsvorsätzen erstellt eine Freundin von mir alljährlich eine Liste von Dingen, die sie in den vergangenen zwölf Monaten erreicht hat. Das gibt ihr ein Gefühl des Geerdet- und In-Sicherheit-Seins. Nummer vier: Ich glaube, auch du musst dich geerdet und sicher fühlen, um alles erreichen zu können, was du erreichen musst. Deshalb solltest du Bilanz ziehen und dir all deine bisherigen Erfolge vor Augen führen.

Übung

Dein Tagebuch der Selbstachtung

Lass uns eine Liste deiner Errungenschaften erstellen: mit allem, was dich in deine gegenwärtige Situation gebracht hat, mit all deinen Erfolgen. Unmöglich? Gewöhn dich dran. Du bist der Meister und in deinem Leben dreht sich alles darum, das Unmögliche nicht nur möglich erscheinen zu lassen, sondern sogar leicht. Durch Arbeit, strenge Disziplin und wirkliche Liebe zu dem, was du tust, erschaffst du aus Chaos Ordnung. Und sogar etwas sehr Schönes. Und dieses Schöne, Meister, beginnt bei dir selbst. Du musst alles anerkennen, was dich bis hierher gebracht hat: alle Erfolge, jeden Meilenstein. Jedes Meisterwerk. Ich gebe dir keine Anweisungen für deine Liste, würde dir jedoch empfehlen, sie wirklich zu erstellen, und zwar auf der ersten Seite eines neuen Notizbuches. Denn von jetzt an solltest du jeden Tag mit einem Eintrag in dieses Notizbuch beginnen.

Mach dir in diesen sieben Kategorien täglich Notizen:

Schreib etwas auf, was du für deine körperliche Gesundheit getan hast.

Schreib etwas auf, was du für deine psychische Gesundheit getan hast.

Etwas, was du für jemand anderes getan hast.

Etwas, was dich glücklich gemacht hat.

Etwas, was du erreicht hast.

Etwas, was du morgen hoffst zu schaffen.

Ich wünsche mir, dass du deine Leistungen bemerkst. Dass du erkennst, wie hart du arbeitest und was du alles schaffst. Du bist ein Boss, eine mächtige, kreative, disziplinierte Kraft für das Gute in der Welt. Und du hast es verdient, dich auch so zu fühlen.

Mach mal langsamer, Vier. Dein Vorpreschen in Richtung Erfolg ist atemraubend. Kann aber auch brutal sein. Du rast und rast, doch jetzt, mit dem Buch in der Hand, kannst du mal zur Ruhe kommen und durchatmen – ich glaube, du weißt auch, dass du das brauchst.

Gib dir den Raum, dir klarzumachen, was du schon alles geleistet hast. So ermöglichst du es auch anderen, sich davon zu überzeugen. Sie brauchen ebenfalls Raum. Und Zeit. Ihnen gefällt, was du tust, und genau das wünschst du dir. Dass Leute Arbeiten verrichten, die sie nicht lieben, ist dir unbegreiflich. Warum versuchen sie denn nicht wenigstens, sie zu lieben? Wenn du eine Aufgabe hast … erfüllst du sie einfach. Warum können die anderen das nicht auch? Du magst kein Gedöns und auch keine Trödeleien. Genauso wenig wie Ausreden. Die erinnern dich daran, dass es immer gefährlich ist, wenn Menschen nicht wissen, was sie tun.

Unsicherheit empfindest du als unnötiges Risiko. Du stehst auf einem festen Fundament und kannst weder Inkompetenz noch Herumeiern leiden. Deine Überzeugtheit von dir ist unerschütterlich – und berechtigt. Du bist genau die Person, die du hoffst sein zu können. Und dieselben hohen Ansprüche wie an dich selbst stellst du auch an andere.

Du bist geerdet, beharrlich, selbstsicher – manchmal aber schadet es nichts, dir zu vergegenwärtigen, dass die anderen keine Schuld tragen, wenn sie nicht so empfinden wie du. Sie sind einfach noch nicht so weit. Würde es helfen, sie dir als Auszubildende vorzustellen? Sie lernen noch. Und zwar von dir.

Du kennst die Regeln, an die wir uns alle halten sollten. Du könntest sie sogar mit aufgestellt haben. Gib den Leuten aber auch Freiräume. Und Orientierungshilfen. Deine Challenge besteht darin, dass du lernst, andere anzuleiten, zum Leader zu werden, zum Herrscher. In deinen Sternen steht eine Spitzenposition. Als Teil deiner Lebensaufgabe. Die zu finden und zu erfüllen, ist Sinn jeglicher menschlichen Existenz.

Willst du es zur Meisterschaft bringen – und das willst du –, musst du lernen, dich derer anzunehmen, die nach dir kommen. Du musst lernen, nicht nur dir selbst etwas beizubringen, sondern auch Leuten, die weniger kompetent, klug, praktisch veranlagt sind als du. Und dazu brauchst du Geduld.

Geduld und Weichheit. Das ist kein Gedöns. Nimm diese Botschaft ernst. Du hast das alles verdient – unabhängig von deiner Arbeit, unabhängig von deinen Erfolgen.

Hier spricht das Universum: Dein Herrscherplanet Uranus steht nicht nur für den Vormarsch der Revolution, sondern überhaupt für Erneuerung. Du musst dem Entstehen von Neuem Zeit einräumen. Du brauchst Freundlichkeit. Du brauchst Zeit, Zärtlichkeit und Weichheit.

Wirklich, Vier: Lass auch Zeit für Weichheit. Du bist nicht dein Job. Du bist überhaupt kein einziges Ding. Sondern alles, wofür du dich hältst, und mehr. So viel mehr. Du musst es nur auch zulassen.

Lebensweg fünf:

Der Freigeist

5

Freigeister nehmen sich sogar in puncto Freiheit Freiheiten heraus.

Stell dir in schwierigen Situationen einen Wasserfall vor: Mächtig gewaltig ergießt sich sein Wasser in die unergründliche Tiefe, um sich in Windungen und Drehungen die nächste Stufe zu suchen. Violett erheben sich im Hintergrund imposante Berge und ein endloser Himmel. Vielleicht sind Sterne zu sehen, eine untergehende Sonne. Eventuell sogar ein Sonnenaufgang. Du stehst nackt am Rand des Wasserfalls, stürzt dich im Schwalbensprung in die Fluten. Tauchst breit lächelnd wieder aus ihnen auf.

Nun schau, Freigeist, wohin der Fluss dich trägt.

Das ist dein Element: vollkommene Freiheit und Unabhängigkeit, flexible Körperbeherrschung. Das brauchst du, danach sehnst du dich. Für dich muss das Leben ein Abenteuer sein. Und sobald du in eine Falle gerätst, fühlst du dich irgendwie verloren. Hier, im Herzen der Wildnis, kannst du genauso sein, wie du bist. Stell dir diesen Ort jetzt bitte vor. Du darfst ihn nach Belieben verschönern und optimieren. Nur Wasserfall und Fluss müssen bleiben.

Der Fluss ist das Leben, Freigeist, der immer weiterfließt und sich ständig verändert. Die Wasserfälle, Windungen und Drehungen stehen für alles, was uns passieren kann. Aber das weißt du ja. Denn mit Veränderungen und deren Unvermeidbarkeit kennst du dich aus. Du weißt, dass das Leben nie aufhört, dich zu überraschen. Ängstigt dich das? Bestimmt. Aber es ist auch spannend. Und genau darin besteht deine Lebensaufgabe: im Ausbalancieren von Angst und Spaß. Dein Weg ist kein leichter, Nummer fünf. Es ist der Weg der Veränderung. Natürlich führen alle Lebenswege zu Veränderungen. Du speziell aber musst diese begrüßen. Du darfst nicht gegen sie ankämpfen. Du musst lernen, sie zu lieben. Das ist deine Hauptaufgabe. Und keine einfache.

Wir verheddern uns leicht in Verhaltensmustern, meistens ohne es zu bemerken. Unser Denken folgt ausgetretenen Pfaden. Glaubst du nicht? Da deine Welt eine sehr körperliche ist, gebe ich dir ein sinnliches Beispiel: Verschränk die Arme. Gut. Verschränk sie nun andersrum, mit dem anderen Unterarm oben. Fühlt sich komisch an, oder? Kriegst du es überhaupt hin? Eigentlich gibt es ja keinen Grund, die Arme genauso zu verschränken, wie du es tust. Aber du machst es nun einmal immer gleich. Da folgst du einem Muster, das schwer abzulegen ist.

Die Art, in der du die Arme verschränkst, ist im Grunde egal. Wie aber sieht es mit den anderen Dingen in deinem Leben aus, die du unwillentlich immer gleich machst? Na ja. Du würdest dieses Buch nicht lesen, wüsstest du nicht insgeheim, dass du einiges verändern solltest. Macht dir das Angst? Solche Sachen gibst du nicht gern zu. Wie fühlt es sich jetzt an?

Übung

Begrüß den Schrecken, die Veränderungen, die Power

Ich habe da eine Idee: Ich möchte, dass du etwas tust, was dir Angst macht. Etwas Kleines oder Großes. Jedenfalls etwas Beängstigendes.

Beispiele für etwas Kleines oder Großes gebe ich dir keine, das sieht jeder anders. Ich zum Beispiel kann locker vor 300 Fremden eine Rede halten, bin aber kaum in der Lage, ein Schreiben von der Bank zu öffnen. In solchen Dingen bist du vielleicht ein Ass, dafür fällt es dir womöglich schwer, Menschen dein Herz auszuschütten. Während es für deine Freundin ein Leichtes ist, von ihren Gefühlen zu sprechen, aber der reinste Horror, mit dem Rad nach Hause zu fahren, statt den Bus zu nehmen.

Stell dir bei dieser Übung bitte folgende Fragen:

- Wie habe ich mich vorher gefühlt?
- Wie währenddessen?
- Und wie fühle ich mich anschließend?

Freigeist, du bist nicht auf der Welt, um dich von Ängsten einschränken zu lassen. Dein Leben soll voller Veränderungen, Entdeckungen und Risiken sein. Lass dich von dieser Übung also animieren, ausschweifender, unerschrockener zu leben.

Deine Tarotkarte ist der Hierophant. Im Gegensatz zu den anderen sagt dieses Motiv den meisten heute nur noch wenig. In vielen Legungen wird es jedoch mit Institutionen wie der Kirche assoziiert. Der Hierophant, oft auch Papst genannt, stellt das männliche Pendant zur Hohepriesterin (Seite 32) dar. Es handelt sich bei ihm um einen spirituellen Lehrer, einen Gelehrten, um jemanden, der großen Respekt vor der Familie und anderen Institutionen hat. Was dem Lebensweg des Freigeists … diametral entgegensteht, stimmt's? Denn was ist die Kirche anderes als eine Unzahl von Verhaltensmustern und Traditionen. Genau das, was dir das Gefühl gibt, in der Falle zu sitzen.

Schauen wir uns die Karte einmal näher an: Was tut der Typ da? Wofür steht ein Hierophant, ein Papst? Nun, er hat eine Mission. Einen tiefgründigen spirituellen Lebenszweck. Weder ist er nur Boss noch irgendein Mönch. Sondern eher eine Person, die das Bewusste mit dem Unbewussten, den Traum mit dem hellen Tag verbindet. Und die schönen Glaubensinhalte der Menschheit in die Wirklichkeit holt. Davon kannst du dir etwas abgucken, Freigeist. Denn für ein banales Alltagsleben bist du nicht gemacht.

Die Fünf ist eine spirituelle Ziffer … die fünf Säulen des Islam, die fünf sittlichen Gebote im Buddhismus, die fünf klugen Jungfrauen aus der Bibel – und du bist ein zutiefst spiritueller Mensch. Aber irgendwie auch die sinnliche Person, die sich nackt in die Fluten stürzt. Du bist ein praktischer Mensch mit großer Lebenslust, der einen Sinn in seinem Leben braucht, welcher beide Facetten vereint. Diesen Sinn musst du finden.

Das also wäre deine zweite Challenge: die Suche nach dem Sinn des Lebens. Was motiviert dich, Freigeist? Was treibt dich an? Was würdest du anderen Menschen gern erzählen? Was möchtest du ihnen geben? Wie kannst du deine Freiheit mit anderen teilen, die sie ebenfalls brauchen? Und kannst du überhaupt frei sein, solange andere Menschen Sklavenarbeit leisten? Wie kannst du deine enormen Energien und Fähigkeiten für andere einsetzen? Was kannst du Sinnvolles tun?

Schau: Der Hierophant hat zwei Hände. Mit der einen deutet er in den Himmel, mit der anderen eher zum Erdboden. Angesiedelt ist er zwischen dem Spirituellen und dem Physischen, zwischen dem Verlangen, davonzufliegen und dem Bedürfnis nach Erdung. Du, Freigeist, tust dir nichts Gutes, wenn du allzu sehr in eine Richtung tendierst. Du musst im Hier und Jetzt bleiben, brauchst aber auch das Funkeln und die spirituelle Magie. Der Hierophant verrät uns deine letzte Challenge: die Balance. Erinnerst du dich an den Wasserfall? Der symbolisiert die sich ewig verändernde Welt – und du, Fünf, die du am Rand des Abgrunds stehst, musst das perfekte Gleichgewicht finden.

Unfälle machen dir Angst. Du liebst die Kontrolle. Deine Körperbeherrschung und die Herrschaft über dein Schicksal gehen dir über alles. Wie also kannst du ins Gleichgewicht kommen? Der Wasserfall zu deinen Füßen rauscht. Der Fluss schlängelt sich voran. Und da bist du: bereit, dein Leben in die Hand zu nehmen und zu springen. Spring und schwimm einer Zukunft entgegen, in der die Strömung deine starken Arm- und Beinbewegungen unterstützt …

Lebensweg sechs:

Die Göttin des Heims

6

Zuhause ist, wo das Herz wohnt.

Venus und Jungfrau, Gaia und Die Liebenden: Göttin, dein Lebensweg ist der von Empathie und Mitgefühl. Du trittst in die Welt wie eine Streitmacht für Harmonie und Stabilität, für Liebe, Achtsamkeit und Frieden.

Eher maskulin definierte Personen lassen sich bitte nicht von der stark weiblich identifizierten Energie des Trios Jungfrau, Venus und Gaia abschrecken, die seit Jahrtausenden mit Frauen und Mädchen assoziiert wird. Doch obwohl wir das auf dem Weg in eine hoffentlich aufgeklärtere Gesellschaft gerade hinter uns lassen, können wir doch den Kräften und Vorstellungen, die uns geprägt haben, nicht ganz entgehen. Der Lebensweg der Sechs dreht sich im Wesentlichen um Häuslichkeit – allerdings nicht im Sinne von Bügeln und Staubwischen, sondern als radikal kreativer Akt, ein lebenswertes Leben zu erschaffen.

Aus ihrem gegenwärtigen Dasein macht die Sechs etwas sehr Schönes. Dabei geht es darum, dass wir alle ein Zuhause brauchen, einen Ort, an dem wir uns sicher fühlen können, und wie das zu erreichen ist, weiß niemand besser als die Göttin des Heims.

Du brauchst Ruhe, ja, aber eher die Ruhe eines geordneten Haushalts als die im tiefen dunklen Wald. Gebt mir einen festen Punkt, sagte Archimedes, und ich hebe die Welt aus den Angeln. Einen solchen Ort wünschst und erschaffst du dir.

Veränderungen ängstigen, beunruhigen – sie machen dich unsicher, überempfindlich und traurig. Sobald nicht alles geklärt und geordnet ist, scheust du wie ein irritiertes Pferd. Du weißt genau, wie der Hase läuft. Deine Ratschläge sind die besten – glaubst du jedenfalls. Aber warum befolgen die Leute sie dann nicht? Würden sich alle nach dir richten, wäre die ganze Bagage gut behütet. Alles könnte so schön sein, würden sie nur nicht darauf bestehen, ihr eigenes Ding zu machen.

Du hast eine unglaubliche Kreativität in dir, Göttin, die Art von Schöpferkraft, die Leute dazu bringt, Romane zu schreiben, Teppiche zu weben und epische Spielfilme zu produzieren. Du musst sie nur auch sinnvoll

nutzen. So, wie es jetzt ist, lenkst du sie auf dein Umfeld und wunderst dich, wenn sich die Leute nicht genauso verhalten, wie du es dir wünschst. Was alle Beteiligten frustriert. Ein Kontrollfreak bist du nicht direkt, du hältst nur die Vorstellung schlecht aus, dass deine Lieben nicht alles im Leben bekommen, was sie verdient haben. Und dafür kannst nur du sorgen, stimmt's? Nur du allein kannst ihnen gerecht werden. Und es liegt doch auch in deiner Verantwortung, oder? Nun, äh … nein. Komm schon, Sechs: Lass die Leute nach ihrem eigenen Gusto leben!

Deine erste Aufgabe: Such nach konstruktiven Möglichkeiten, deine Kreativität auszuleben.

Vielleicht fängst du an zu stricken, zu kochen, zu gärtnern. Oder du suchst dir eine andere Aktivität im häuslichen Bereich. Vielleicht verlässt du ja sogar auch deine Komfortzone: schreibst, malst, trittst einem Chor bei, zeichnest. Was auch immer es sein mag: Versuch es regelmäßig zu tun. Sei in dieser Zeit ganz bei dir und nur bei dir. Wann hast du dir zum letzten Mal Zeit für dich genommen?

Übung

30 Kreise

Diese Übung ist ein guter Ausgangspunkt für Akzeptanz, Förderung und produktiven Einsatz deiner Kreativität. Sie besteht aus drei Teilen.

Für den ersten brauchst du Stift und Papier, um 30 Kreise zu zeichnen. Genau: 30 Kreise. Große und kleine. Alle auf einer Seite. Interessant ist nicht zuletzt auch deine Reaktion auf diese Aufgabe. Findest du sie albern? Wann hast du das letzte Mal gezeichnet? Und warum sollen es gerade 30 Kreise sein? Empfindest du das als Zeitverschwendung? Achte darauf, wie du dich fühlst. Auch, wenn du merkst, dass deine Kreise nicht perfekt sind. Hast du überlegt, eine Schablone zu verwenden oder gar einen Zirkel? Der perfektionistischen Jungfrau, die über dich wacht, würde das durchaus ähnlichsehen.

Bereit für den zweiten Teil? Du brauchst dafür einen Timer und sechs Minuten Zeit, in denen du in jeden der 30 Kreise etwas zeichnest. Genau: in alle 30. Nein, perfekt wird das nicht, nur unterschiedlich schlecht. Und nein, die Zeit reicht *nicht*. Aber immerhin zeichnest du, oder? Ja, du tust es! Mach weiter! Wie fühlst du dich? Bist du aufgeregt, verängstigt, gestresst, froh, in Eile oder fühlst du dich albern? Achte darauf, welche Zeichnungen dir gefallen. Du kannst gar nicht zeichnen? Das ist völlig wurscht. Darum geht's gar nicht. Es geht nur darum, etwas zu erschaffen und deine ureigene Kreativität zu trainieren.

Dann kommt der schwierigste Teil: In den nächsten 30 Tagen möchte ich, dass du dir jeweils einen dieser Kreise vornimmst und etwas über ihn schreibst: über die jeweilige Zeichnung. Was könnte sie bedeuten? Was soll sie darstellen? Schreib auf, wie du dich beim Zeichnen gefühlt hast. Wie es dir jetzt mit dem

Bild geht. Was du über die Übung denkst. Am besten machst du das gleich am Morgen, sobald du dich an einen Tisch setzt. Oder abends unmittelbar vor dem Schlafengehen. Gewöhn dich daran, deiner Kreativität einen Monat lang täglich die Sporen zu geben. Viel musst du gar nicht schreiben – nur ein paar Sätze. Nur gerade genug, um dich zu inspirieren. Zum Warmwerden oder um dich in den Schlaf zu singen.

Wie geht es dir nach den 30 Tagen? Hat dich die Übung weitergebracht? Fühlst du dich jetzt kreativer? Wenn ja, führ die Übung einfach fort, vielleicht in etwas anderer Form: etwa, indem du in jeden Kreis ein Wort schreibst, das am Tag darauf das nächste inspiriert. Oder indem du mit Farben arbeitest oder dich von einer Zeichnung zu einer weiteren anregen lässt. Stell selbst die Regeln dafür auf, sei dein eigener Lehrmeister. Lass dich ganz auf dich ein und liebe dich.

Frage: Wie viel Zeit, Göttin, nimmst du dir – bei all deinen Bemühungen um ein schönes Zuhause – für dich selbst? Kümmere dich regelmäßig um dich, sonst wirfst du irgendwann anderen vor, dass sie es nicht tun. Deine Tarotkarte ist Die Liebenden und die steht für den Kompromiss, für Zusammenleben, Parität, Balance. Für eine lockere Lebensführung, die sowohl deine Bedürfnisse als auch die der anderen berücksichtigt. Vielleicht vieler anderer. Aber mach dich nicht so klein: Deine Bedürfnisse sind genauso wichtig.

Vielleicht fangen wir mit dem Knappheitsprinzip an: Wie oft wird dir geholfen? Wie oft erfüllen andere deine Bedürfnisse? Andererseits: Wie oft bittest du um etwas? Bei dir sieht alles so leicht aus, dass sich andere womöglich davon einschüchtern lassen oder einfach nicht wissen, was sie sagen sollen. Du lebst das Leben einer Hausmutter, lenkst, lobst und tadelst – wie aber wäre dein Leben, würdest du andere für dir ebenbürtig halten? Was, wenn du die Risiken, die sie eingehen, nicht als Bedrohung eurer kollektiven Sicherheit betrachten würdest, sondern als Schritt in das kollektive Ungewisse?

Versteh doch, Göttin: Das Leben straft nicht. Konsequenzen stellen keine Sanktionen dar. Du kannst dich frei fühlen, wenn du willst. Du kannst auf deine Freiheit hinarbeiten, kannst Entscheidungen treffen, kannst tun, was du willst. Alle anderen aber auch.

Du musst weder Strafen verteilen noch dich mit Belohnungen einschmeicheln. Du brauchst niemanden zu retten – genauso wenig, wie irgendjemand dich retten muss. Verantwortlich bist du nur für eine einzige Seele: deine eigene. Und das Einzige, worüber du die Kontrolle hast, sind deine Entscheidungen. Um alles andere – und alle anderen – kümmert sich das Universum.

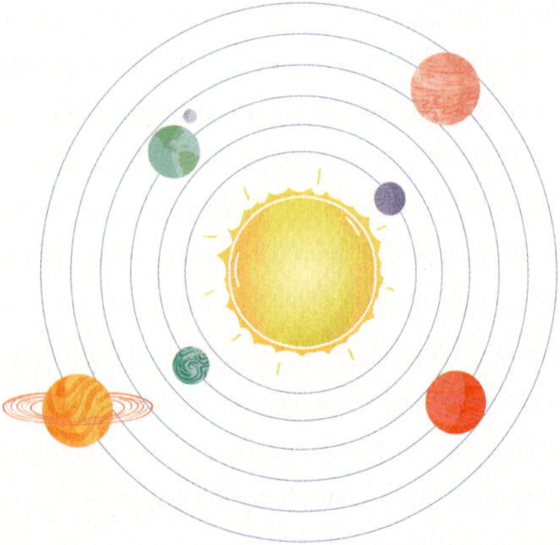

Lebensweg sieben:

Der Suchende

7

Möge die Straße sich erheben, um dir zu begegnen,
möge der Wind in deinem Rücken sein …

Verdrehst du die Augen, wenn ich dir sage, dass die Sieben eine magische Zahl ist?

Na, dafür bist du wohl zu höflich. Bestimmt aber denkst du es.

Die Glückszahl steht für die sieben Todsünden, Weltwunder, Wochentage. Und irgendwas sagt mir, dass ein kleiner Teil von dir selbst bei der Lektüre eines Numerologie-Buches noch meint, da wäre nichts dran. Ein kleiner Teil deines Geistes zweifelt das alles an, ein anderer möchte gern daran glauben. Dein Lebensweg, Suchender, ist eine echte Reise. Eine Reise zur Reintegration der kaputten Teile von dir. Deine Tarotkarte ist Der Wagen und vor dir liegt tatsächlich noch eine große Strecke. Die zwischen Wissen und Überzeugung, zwischen Kopf und Herz, Bewusstsein und Bauchgefühl. Dein Weg ist der des Philosophen, des Problemlösers. Einsam ist er. Doch was du an seinem Ende findest, ist jede Mühe wert: Denn bei deiner Suche geht es um nichts mehr und nichts weniger als die Wahrheit.

Du suchst nach der Wahrheit über das Universum. Nach den großen Antworten auf die großen Fragen. Und du willst, dass deine Suche respektiert wird. Denn du hasst es, bevormundet und von oben herab behandelt zu werden. Genauso, wie du es hasst, zu jemandem aufschauen zu müssen. Du brauchst es, respektiert und als Gleicher unter Gleichen behandelt zu werden, du bist schließlich kein Kind mehr. Mit aalglatten Märchen lässt du dich nicht abspeisen. Du musst die Wahrheit über das Universum in Erfahrung bringen.

Du weißt genau, was du wissen willst, und hast vielleicht sogar schon eine Vorstellung von der Wahrheit, die du schließlich entdecken wirst. Aber Momentchen mal: Wann hast du dir zum letzten Mal etwas anders überlegt? Hast du dich überhaupt schon je umentschieden?

Etwas derart unbeirrbar anzustreben, ist nicht immer einfach und ein bisschen Flexibilität und Empathie können bei einer so langen Reise nicht schaden. Du bist um nichts besser als die anderen. Hör nicht auf deinen Stolz, der dir das Gegenteil einreden will. Sei kein Snob! Auch du bist nur von dieser schönen Welt – ja, auch du mit deinem extrem kritischen Verstand und deiner besonderen Seele. Du gehörst hierher – und das zu akzeptieren, ist Teil deiner Reise.

Suchender, ich brauche dir nicht zu sagen, wie schwer dein Weg ist. Du weißt selbst am besten, wie schwierig es sein kann, Leuten die Meinung zu sagen oder sich deren Auffassungen anzuhören.

Du bist mit Helios verbunden, der seinen Sonnenwagen über den Himmel lenkt – doch da fällt einem auch Ikarus ein, der Junge, der im Flug der Sonne zu nahe kam und abstürzte. Du *bist* nicht das helle Licht der Wahrheit, sehnst es aber inständig herbei. Weil du es brauchst.

Als Kind hast du vielleicht gern den Zeigefinger mitten durch die Kerzenflamme gezogen, von einer Seite zur anderen, vor und zurück. Erinnerst du dich? Auch daran, dass du kaum glauben konntest, wie sanft die Flamme war? Fast wie Luft, obwohl du doch ihr Licht sehen konntest? Und hast du irgendwann dann doch versehentlich in das blau-heiße Dreieck gefasst? An den Schmerz erinnerst du dich bestimmt noch.

Du fandst ihn aber auch irgendwie interessant, oder? Weil er neu war. Und Neues fasziniert dich seit jeher. Du hast etwas vom einsamen Weisen, Suchender, etwas Distanziertes. Vielleicht versteckst du es gut, aber ein Teil von dir fühlt sich immer leicht isoliert. Denkst du, wenn dir etwas wehtut, nicht auch mal: Mmh, interessant? Oder analysierst insgeheim das Warum? Dieser Teil von dir ist so um deine Sicherheit bemüht, dass er dich von anderen absondert. Deine Abwehrmechanismen sind derart fest in dir verankert, dass sie richtiggehend destruktiv werden können. Besonders, wenn es um Emotionen geht.

Wann hast du das letzte Mal ein Gefühl dicht an dich herangelassen, Suchender? Dir gestattet, es wirklich zu empfinden? Und was würde geschehen, wenn du es tätest?

Übung

Das Gefühlsrad

Das in den Achtzigern parallel von Gloria Willcox und Robert Plutchik, zwei Psychologen, entwickelte Gefühlsrad hilft, unsere Empfindungen zu benennen. Es besteht aus drei Kreisen, dem inneren, mittleren und äußeren Ring. Wir arbeiten mit der Version von Gloria Willcox, weil sie für Laien besser geeignet ist. Schau dir aber gern auch die von Plutchik an.

Im inneren Ring stehen die Grundgefühle: zornig, ängstlich, froh, stark, friedvoll, traurig. In den äußeren Kreisen werden diese Emotionen weiter aufgefächert: »ängstlich« etwa in konfus, zurückgewiesen, hilflos. »Konfus« und »zurückgewiesen« führt schließlich zu verwirrt, entmutigt, unbedeutend.

Denk bitte eine Woche lang täglich über dich nach. Leg in deinem Handy zwei Erinnerungen an, eine für morgens, eine für mittags, und erstell auf einer neuen Seite deines Notizbuches eine kleine Tabelle. Die Spalten haben die Überschriften »Morgens« und »Mittags«, die Zeilen beschriftest du mit den Namen der Wochentage. Dann legst du dir mithilfe des Gefühlsrades zweimal am Tag Rechenschaft über deine emotionale Verfassung ab.

Das Gefühlsrad stellt im Grunde auch eine Art Suche dar.

Schau dir am Ende dieser Woche deine Eintragungen an und überleg, ob du eventuell Muster darin erkennst. Hat sich etwas verändert? Überrascht dich etwas? Lenk deinen wunderbaren analytischen Verstand nach innen und lös das Rätsel deiner Person.

Fühlen musst du, Suchender. Spüren. Und zwar nicht nur die Welt um dich herum, sondern auch dich selbst in ihr.

Manchmal ziehst du dich instinktiv zurück, um die Welt besser verstehen zu können. Doch die nackte Wahrheit lautet: So wird das nichts. Du musst dich dem Leben stellen, Suchender. Dir auch mal die Hände schmutzig machen. Zupacken.

Lebensweg acht:

Der Drache

8

Ein Abenteuer, in dem keine Drachen vorkommen, ist nicht der Rede wert …

Dieser Lebensweg ist so leistungsstark, so erfolgreich, dass es Leute geben soll, die ihren Namen ändern, um ihm zu entsprechen. Es ist der Lebensweg der Macht, vor allem finanzieller Macht, und er steht für Wohlstand, Geld, Kontrolle und Überfluss. Hier geht es um die Kraft des sturen Instinkts, um achtsame Entscheidungen und spontan aufblitzende brillante Erkenntnis. Du wirst allen Herausforderungen gerecht, überwindest jede Angst. Die Reise der Acht ist die verführerischste. Ich sag nur: *material girl,* Unmengen von Schmuck, dicke Brieftaschen und – typisch Drache – haufenweise Gold.

Wegen dieses ganzen Goldes spreche ich vom Weg des Drachen.
Na ja, irgendwie jedenfalls.
Nimm den Drachen als Wappentier: den Glück verheißenden chinesischen Drachen oder auch einen traditionellen westlichen Juwelendieb, ganz wie du willst. Dein ist die Macht des Drachens. Sein Wohlstand auch. Genau wie seine Schwächen, die ebenfalls die deinen sind und vor denen du dich schwer in Acht nehmen musst.
Im Tarot ist die Trumpfkarte mit der Nummer VIII oft Die Gerechtigkeit, in manchen anderen Decks aber auch Die Stärke.
Die als Richterin mit einer großen goldenen Waage dargestellte Gerechtigkeit steht für Fairness, Integrität, Gleichgewicht, vor allem aber für Ursache und Wirkung. In der anderen Hand hält sie ein Schwert.
Es herrschen Gesetz, Macht und Blut.
Auf der Karte Die Stärke nimmt sich ein junges Mädchen eines Löwen an: der Machtvolle und die Süße, der gezähmte Jäger, das besänftigte Raubtier und die Tapferkeit derer, die reinen Herzens sind. In beiden Karten wiederholen sich also dieselben Muster. Stets geht es dabei um den schmalen Grat zwischen roher Kraft oder großer Macht und Weichheit, Zartheit, Gnade.

Deine Lebensaufgabe besteht darin, beides im Blick zu behalten. Wie die Waage der Gerechtigkeit musst auch du zweierlei ins Gleichgewicht bringen.

Deine Stärke liegt darin, dass du engagiert, schnell und zielorientiert bist. Du weißt, was du willst und wie du es erreichst. Du gibst Geistigem den Vorrang vor Materiellem (das Mädchen, das den Löwen zähmt) und auf Dauer zahlt sich das aus. Du wirst wieder und wieder in dich investieren. Und du kannst – solltest sogar – immer auf dich zählen.

Du hast alles, was du brauchst, und auch das weißt du. Stimmt doch, oder?

Übung

Affirmationen

Du weißt, Drache: Glaubst du nicht an dich, tut es niemand. Denn du bist hier sowohl der Buchmacher als auch das Rennpferd. Du musst Höchstleistungen erbringen und zugleich dafür berappen – metaphorisch ausgedrückt. Du kannst auf dich zählen, musst aber auch fest daran glauben.

Schreib bitte drei Affirmationen auf: drei machtvolle Bekräftigungen deiner Stärke und Größe. Keine Sorge: Du musst sie mit niemandem teilen. Im Gegenteil: Wenn du gemocht werden möchtest, würde ich dir sogar empfehlen, sie für dich zu behalten.

Wie wäre es mit:

Ich bin stark. Ich bin mutig. Ich bin machtvoll.

Oder:

Ich schätze mich. Ich schätze meine Meinungsstärke. Ich schätze meine Geisteskraft.

Ich möchte, dass du dir deine Affirmationen allmorgendlich vor dem Spiegel sagst. Wasch dein Gesicht, putz die Zähne und sag dir die Wahrheit: Du bist stark, du bist mutig, du wirst geliebt. Was immer du hören möchtest: Sag es dir zunächst einmal selbst. Dass Selbstgespräche wirksam sind, haben Studien ergeben: Wer sich bestätigt, dass er mutig ist, *wird* mutig. Und wenn wir, um etwas zu erreichen, zum Drachen werden müssen, dann werden wir eben zum Drachen. Wir werden mächtig, kompetent. Wir werden, wer oder was wir sein wollen. Wir manifestieren unsere Freude oder unsere Stärke.

Du musst die Person sein, von der du weißt, dass du sie sein kannst, und fest daran glauben. Denn wenn du nicht davon überzeugt bist, wer soll es sonst sein? Deine Stärke kommt von innen. Der Glaube an dich und dein Elan bringen dich zum Ziel. Deine größte Begabung ist die Manifestation: Du hast einen Wunsch, arbeitest an seiner Erfüllung und das war's. Du hast den Dreh raus, verfügst über das seltene Vermögen, einen Plan von A bis Z auszutüfteln, und die Willenskraft, ihn bis zur Vollendung durchzuziehen. Liebe das an dir, Drache. Liebe deine Stärke. Schäm dich nicht und stell dein Licht nicht unter den Scheffel.
Was auch nicht ginge, denn die anderen spüren ja, wie außergewöhnlich du bist. Also stich ruhig hervor, sei mutig und lass dich von deinen Leuten so lieben, wie du bist.

Natürlich liebst du sie auch. Und zwar mit einer Loyalität und Eindringlichkeit, die ihresgleichen suchen. Bis ans Ende aller Zeiten würdest du deine Lieben verteidigen. Du sorgst für sie wie kein Zweiter. Das bedeutet für dich lieben: sich um die Deinen zu kümmern, ihre Sicherheit zu gewährleisten und ihnen alles zukommen zu lassen, was sie sich wünschen.

Aber ginge vielleicht noch etwas mehr? Könntest du auch Zärtlichkeit zulassen? Die Liebe ist zwar komplizierter als alles Finanzielle – aber du, Drache, brillierst doch in jeder Hinsicht. Warum also hältst du dich emotional so zurück?

Das Schwert und die scharfen Zähne des Löwen zeigen uns, wie rücksichtslos du sein kannst: unverbrämt barsch, schroff und nur auf Effizienz bedacht. Willst du etwas erreichen, kannst du manipulativ und sogar grausam werden. Keiner kümmert sich so fürsorglich

um seine Lieben wie du. Aber wehe, jemand stellt sich dir absichtlich oder unbewusst in den Weg. Dem gnade Gott! Könntest du heute vielleicht versuchen, ein bisschen weicher zu sein?

Dein fehlendes Verständnis für deine Verwundbarkeit macht dich nur umso verletzlicher. Doch wenn du dich selbst – auch deine Empfindlichkeiten und blauen Flecke – nicht kennst, ist die Überraschung groß, wenn jemand anders sie entdeckt. Und dazu kommt es mit Sicherheit irgendwann.

Übe dich sowohl beruflich als auch privat in mehr Weichheit. Ethisches Verhalten ist nicht verhandelbar. Gier inakzeptabel. Die Tendenz des Drachen zur Habsucht macht dich mit der Zeit einsam und traurig. Halt sie also in Schach. Öffne die Arme, dein Herz und bemüh dich um Aufgeschlossenheit. Dann geh weiter deines Weges, um zu wachsen und zu gedeihen.

Lebensweg neun:

Der Eremit

9

$$1+2+3+4+5+6+7+8+9=45$$

$$4+5=9$$

★

$$111\,111\,111 \times 111\,111\,111 = 12345678987654321$$

$$1+2+3+4+5+6+7+8+9+8+7+6+5+4+3+2+1=81$$

$$8+1=9$$

In dir kommt alles zusammen. Du bist schon immer hier und alles gehört dir. Dein Leben ist erfüllt und köstlich, insbesondere dein Innenleben. Du verstehst alles und jeden. Gibst es aber vielleicht nicht zu. Und was würde es dir auch bringen? Besserwisser kann keiner leiden, das weißt du inzwischen. Überhaupt weißt du so viel …

Ach Eremit, was könnte ich dir noch beibringen?

Dein Weg ist der letzte und schwerste: der des Loslassens.

Dein Weg ist der des Abschlusses und wir kommen jetzt nicht nur zum Schluss des Buches, sondern auch zum Ende des großen Zyklus des Lebens. In der Ziffer Neun sind alle anderen enthalten und alle anderen Lebenswege in diesem: die Erfahrungen, Hoffnungen, Träume und Ängste aller anderen.

Bis hierher zu kommen, war viel Arbeit – und du hast sie geleistet. Du machst damit weiter, selbst wenn's wehtut. *Gerade* wenn's wehtut. Und besonders, wenn du allein bist.

Manchmal fühlst du dich so einsam, missverstanden von Menschen, die nicht gesehen haben, was du gesehen hast, und nicht so gekämpft haben wie du. Angst hast du keine, aber müde bist du. Womöglich zu müde, um weiterzumachen wie bisher. Vielleicht ist das ein Zeichen, dass du aufhören musst. Da du so nicht weitermachen kannst, geh anders vor. Du trägst eine schwere Last, Eremit. Jetzt ist es vielleicht an der Zeit, sie abzulegen. Und anderen zu übergeben. Wer kann dir abnehmen, was du weglegst? Wer dich bei deiner Suche unterstützen? Dein Weg ist einsam, aber in dir sind so viele – und viele, die dir helfen werden, zu tun, was du tun musst. Gib ihnen eine Chance, es dir abzunehmen, was es auch sein mag.

Du hast sehr viel erreicht und sehr viel gelernt. Kannst du das Erlernte jetzt dem Wind zurückgeben? All die Liebe und all die Erkenntnisse den Nachkommenden überantworten?

Jetzt stehst du als älterer, weiserer Magier auf der Bühne.

Deine Tarotkarte ist natürlich der Eremit, ein Mann mit einer Laterne und einem langen Stab. Allein steht er auf einem hohen Berg, den er erklommen hat. Ganz auf sich gestellt, ist ihm der Aufstieg gelungen, durch Sturm und Schnee, in guten wie in schlechten Zeiten. Und jetzt wendet er sich seinem Inneren zu.

Er steht für Selbstfindung, Selbsterkenntnis und mehr noch: für das aus dieser Weisheit erwachsende Wissen, dass das Ich das Universum ist und das Universum das Ich. Er ist mit allem verbunden. Und alles ist mit und durch ihn verbunden – durch *dich*.

Das, Eremit, darfst du nie vergessen. Denn deine Aufgabe ist das Loslassen. Lass von Materiellem, all den Dingen, die dich geprägt haben, ab und öffne dich dem Ungewissen. Lass los. Du bist alles und alles ist in dir. Dein Selbstgefühl, im Laufe vieler Leben sorgsam poliert und oft zur Schau getragen, ist dir jetzt nur noch im Weg. Es hält dich davon ab, das Universum zu sehen, wie es ist, und deinen angestammten Platz darin zu erkennen. Lass alles los, was dich zurückhält. Atme ein, atme aus. Sei frei.

Atme langsam und tief. Zähl beim Einatmen bis sechs und beim Ausatmen bis acht. Durch die Nase ein und durch den Mund aus. Bleib ganz in deinem Körper, atme die Welt ein und seufze sie wieder aus. Manchmal löst der Flügelschlag eines Schmetterlings irgendwo anders einen Sturm aus. Du bist beides, Schmetterling und Sturm, und musst damit leben, so gut du kannst. Sei leichtlebig, Eremit. Heute bist du hier, morgen schon wieder weg. Wie können wir uns in einer solchen Welt sinnvoll bewegen? Wie in dem Wissen weiterkommen, dass das Leben kurz ist wie das einer brennenden Kerze, dass nach der Sonne der Mond aufgeht und nach dem Mond die Sonne – und dass beide eines Tages eine Welt bescheinen, in der wir nicht mehr sind?

Deine Aufgabe, Eremit, ist das Loslassen. Und die hat's in sich. Wir wollen so sehr an allem festhalten, was wir lieben und was wir sind. Aber der Wandel ist unvermeidbar. Das hat dich das Leben gelehrt. Alle verändern sich irgendwann, du hast dich auch verändert und diesem Umstand verdankst du vieles … Du musst den Wandel nicht nur akzeptieren, sondern ihm zuarbeiten. Um freier werden zu können, musst du jetzt etwas ändern. Heute. Du musst den mürrischen Fesseln der Erde entschlüpfen, wie es ein Poet einmal ausgedrückt hat. Und wie das aussieht, kannst nur du selbst sagen.

Du kennst das Männliche genauso wie das Weibliche und kannst beides nach Belieben ausleben. Du weißt, dass Gender ist, was du daraus machst. Die Liebe und das Leben nicht weniger. Du bist viel weiser, als es deinem Alter entsprechen würde, hast vor nichts mehr Angst.

Jetzt, glaube ich, besteht deine Aufgabe darin, dass du lernst, auch keine Angst mehr vor der Angst zu haben.

Loswerden kannst du die Angst nicht. Sie ist so natürlich wie gesund. Du kannst lernen, dich mit ihr zu arrangieren. Mit dem Schrecken. Mit Veränderungen. Sogar mit dem Schmerz.

Akzeptier das alles: jeden Moment auf dieser wechselhaften, vergänglichen Erde. Köstliches Essen, die Berührung eines lieben Menschen, die Sonne, die hinter einer Gewitterwolke hervorkommt. Wärme. Eine Tasse Tee. Das Leben ist ein Flickwerk aus Trauer und Freude, aus Kummer, Liebe und wilder, schneidender Einsamkeit, aus Momenten ekstatischer Fröhlichkeit, perfektem Frieden und nachlassendem Grauen. Eine aus alldem zusammengesetzte wärmende Decke, die uns zärtlich umhüllt. Das Leben ist ein Patchwork aus Zeit und Raum, aus Energie, Wachstum und Niedergang. Ein Wandteppich und vielleicht auch ein Vorhang, der die Bühne bedeckt.

Einst warst du der Magier. Der Magier, der selbstsicher im Lichtkegel eines einzigen Scheinwerfers steht und endlich anfangen möchte. Erinnerst du dich? Du warst der Magier, ein Träumer, Geschichtenerzähler, Handwerksmeister. Ein Freigeist warst du, eine Göttin des Heims, ein Suchender, ein Gold hortender und seinen Wohlstand teilender Drache. All das warst du – wie wir alle es sind, sein und werden können. Du bist wir alle und warst schon alles. Und all das nimmt seinen Anfang im Lichtkegel eines einzigen Scheinwerfers.

Und jetzt ist da ein neuer Vorhang, der eine neue, in Dunkelheit gehüllte Bühne verbirgt – größer als jede Bühne, die wir je gesehen haben. Was wir wohl in einen neuen Kreislauf einbringen können? Welche Lieder, Träume, Geschichten? Welches Zuhause wir uns wohl erschaffen werden, welches Wissen uns aneignen, welche Goldschätze entdecken?

Eremit, heb mit deinem langen Stab den Vorhang an. Häng hoch oben die Laterne auf und lass uns die Sterne sehen.

Atme tief ein. Zeig uns die Zukunft. Und dann geht's wieder von vorn los.